FRANZ FÜHMANN (Text)
JACKY GLEICH (Illustrationen)

Humpelhexe, Zauberbein und eine Feuer speiende Fee

3 Märchen auf Bestellung

HINSTORFF

Anna, genannt Humpelhexe
Seite 3

Doris Zauberbein
Seite 41

Von der Fee, die Feuer speien konnte
Seite 79

Anna, genannt Humpelhexe

Sieben Hasensprünge hinter dem Ende der Welt, in einem Wald, wo die Kiefern weiße Blätter und die Birken schwarze Nadeln tragen, liegt heute noch eine Hexenschule.
In diese Hexenschule ging auch Anna Humpelbein. Eigentlich hieß sie ja nur Anna, aber weil ihr rechtes Bein länger als das linke und ihr linkes Bein kürzer als das rechte war, nannten sie ihre Mitschüler und Lehrer eben »Anna Humpelbein«.
Dieser Name verdross das Hexenmädchen, und noch mehr verdross sie, dass die gleichbeinigen Hexenkinder sie wegen ihres Humpelns verspotteten. Am meisten aber ärgerte sie sich, dass auch ihre Mutter, die berühmte Hexe Rapunzel, ihr riet, zum Hexendoktor zu gehen und sich das ein wenig längere Bein ein wenig kürzer hobeln zu lassen.

»Es tut gar nicht weh«, sagte die Hexe Rapunzel. »Ich gebe dir einen Zauber mit, da wirst du schlafen und etwas Liebliches träumen, vom Schwarzen Wildschwein oder so. Und wenn du aufwachst, hast du zwei gleiche Beine, wie die anderen Hexenkinder auch.«

Aber Anna wollte nicht.

»Es ist *mein* Bein«, sagte sie, »davon geb ich nichts her, das ist alles Anna. Ich habe nun mal zwei verschiedene Beine, da muss ich eben was daraus machen. Diese Gleichbeiner mögen ruhig spotten. Am besten lacht, wer zuletzt lacht!«

Am Tag, wenn die Hexenkinder schlafen – denn Hexen leben ja in der Nacht, und ihre Kinder gehen nur nachts zur Schule –, am Tag also, wenn der Wald noch zum Gruseln hell ist und Sonnenkringel den Nadelgrund sprenkeln und die Drossel so unheimlich schreit, stahl Anna sich heimlich aus ihrem Moosbett und übte das Laufen auf einem Bein, zuerst auf dem rechten, dann auf dem linken. Sie war zäh und übte fleißig, und bald lief sie auf dem langen Bein schneller als der Wind und auf dem kurzen langsamer als die Schnecke. Wenn sie jedoch beide Beine gebrauchte, in der Art, wie dies die Gleichbeiner tun, humpelte sie ärger denn je.

Immer lacht nur!, dachte sie dann.
Ihre Kunst verriet sie keinem. Nicht einmal ihre Mutter Rapunzel wusste davon.
Zum ersten Neumond nach Walpurgis war Sportfest, mit Bocksreiten und Besenstielfliegen, Kugelstoßen mit eingerollten Igeln und Scheibenwerfen mit zusammengeringelten Ottern, Schwimmen im Sumpf, Ringkampf im Moor, Feuerspringen durch echtes Höllenfeuer und was eben alles zu einem Sportfest in einer Hexenschule gehört.
Als Stadion diente eine Wolfsschlucht, die Strecken im Luftreich steckten Irrlichter ab, und die Eulen mit ihren glühenden Augen überwachten die Langlaufbahn rund um den Wald. Auf dem Programm stand zum Abschluss nämlich eine Neuheit: ein Siebenmeilenstiefelwettlauf, zweiundzwanzigmal um den Wald herum.
Dazu trat die gesamte Schülerschaft an, die Stiefel noch unterm Arm oder über der Schulter. Jedes Paar war so prächtig wie das andre mit Zauberzeichen bestickt und durchwirkt und jedes von einem anderen Leder: vom Molch, vom Salamander, von der Kröte, vom Luchs, von der Laus, von der Maus, vom Dachs, vom Drachen, von der Fledermaus, vom Maulwurf, vom Fuchs.

Die Hexeneltern waren begeistert.
»*Mein* Kind hat die prächtigsten Stiefel!«, riefen alle.
Auch Anna, die sich an den Kämpfen bislang nicht beteiligt hatte, humpelte zum Startplatz. Das überraschte sogar ihre Mutter Rapunzel. Anna hatte ihr nichts gesagt, und so hatte Mutter Rapunzel keine Stiefel gefertigt.
Vor Scham verkroch sie sich in ihr rotes Haar.
Auch der Hexenturnlehrer war überrascht und fürchtete ein böses Ende.
»Was willst du denn hier, Humpelbein?«, fragte er grob. »Du hast ja noch nicht einmal Siebenmeilenstiefel!«
»Die meinen sind unsichtbar«, sagte Anna.
»Das kann jeder behaupten.«
»Du wirst schon sehn.«
Da der Start jedoch allen freistand, konnte nicht einmal der Hexenturnlehrer Anna an der Teilnahme hindern. Die Stiefel staken nun an den Beinen, aus einem krummen Ofenrohr knallte der Startschuss, und die Hexenkinder begannen zu stiefeln.
Sechs Schritte, und sie waren aus der Wolfsschlucht heraus.
Über ihnen die Eulen.

Anna blieb stehn.

»Warum stiefelst du nicht?«, fragte der Hexenturnlehrer, der seine Befürchtungen eintreffen sah.

»Ich muß zuerst noch mal aufs Klo.«

Anna ließ sich Zeit, und als sie zurückkam, war die elfte Runde zurückgelegt, und das Feld erschien zum zwölften Mal.

Es bot einen seltsamen Anblick.

Die Hexenkinder, die am langsamsten stiefelten, hatten nämlich den schnelleren Stieflern einen Hexenschuss in den Rücken gehext, damit sie nicht mehr so flott vorwärts kämen, und die Betroffenen hatten sich gerächt und mit Hexenschüssen zurückgeschossen. So hatte das ganze Feld Hexenschuss, und da das keinem nützte und jedem schadete, ärgerten sich alle schwarz und schief. Und so zogen sie auch durchs Stadion: rabenschwarz, schief, und mit Hexenschuss humpelnd.

Die Eltern aber waren stolz, dass ihre Kinder schon so trefflich hexten.

»Was seh ich«, rief Anna, »die humpeln ja. Das kann ich doch auch!«

Und sie humpelte mit.

Da sie keine Siebenmeilenstiefel anhatte, humpelte sie natürlich viel langsamer. Das Feld war schon in der einundzwanzigsten Runde, da war sie noch immer im Stadion.

Und nun blieb sie sogar noch stehen.

»Am besten verziehst du dich wieder aufs Klo!«, rief der Hexenturnlehrer.

»Gleich«, sagte Anna. »Ich muss nur noch schnell siegen!«

Sie legte ihr linkes Bein über die rechte Schulter und lief.

Der Hexenturnlehrer wollte lachen, doch er hatte den Mund erst halb aufgemacht, da war Anna schon wieder an ihm vorbei.

Die Augen der Eulen, die den Lauf überwachten, wurden im Staunen noch größer, als sie es schon sind, und vor Begeisterung glühten sie wie Kometen.

Sie konnten kaum so schnell zählen, wie Anna rannte. Ihre Schnäbel schnurrten sich heiß.

»Zweidreivierfünfsechssiebenachtneunzehnelfzwölfdreivierfünfsechssiebenachtneunzehnzwanzigeinundzweiundzwanzig! Gewonnen!«, riefen sie, da hatte der Hexenturnlehrer von seiner Lache gerade das erste »haha« fertig gebracht.

»Das war sicher gemogelt!«, rief er erbost.

Aber die Eulen widersprachen. Ihre Schnäbel rauchten; ihre Zungen dampften.

»Anna ist Sieger!«, erklärten sie.

Nun musste der Hexenturnlehrer aufs Klo: Die Wut war ihm auf den Magen geschlagen.

Indessen liefen die Stiefler ein, und als sie Anna als Siegerin dastehen sahen, ärgerten sie sich noch einmal schief, diesmal jedoch nach der anderen Seite, und so wurden sie wieder grade. Und da sie alle vor Neid erblassten, verlor sich auch ihr Rabenschwarz.

Die angehexten Hexenschüsse kurierte schließlich der Hexendoktor mit einer Salbe aus Kreuzotternfett.

Die Eulen setzten Anna den Siegeskranz auf, und selbst der mürrische Uhu gratulierte.

»Schnelllaufen ist ja gar keine Kunst«, sagte Anna bescheiden. »Aber langsam um die Wette laufen – das fetzt!«

Das wollten die Hexeneltern gleich ausprobieren. Sie stellten sich am Startplatz auf. Auch Mutter Rapunzel kroch aus ihrem Haar. Nun war sie unheimlich stolz auf ihr Kind.

»Auf ›los!‹ geht's los«, erklärte Anna. »Aber ehrlich laufen, nicht einfach stehen bleiben!«

Sie legte ihr rechtes Bein über die linke Schulter.

»Los!«, sagte sie, und der Wettlauf begann.

Wer schon einmal einen Langsamwettlauf gemacht

hat, weiß, wie aufregend das ist. Die Schnecken stürmen an einem vorbei, die Sonne rast den Himmel hinauf und hinunter, und wer ganz toll langsam laufen kann, sieht die Jahreszeiten an sich vorbeiziehn, als ob sie Tagesstunden wären. Eiszapfen wachsen die Bäume herab, bald darauf schießt das Gras aus dem Boden, das Laub wechselt unaufhörlich die Farbe, und wenn es schließlich zur Erde sinkt, beginnt schon wieder das Eis zu wachsen.
Selbstverständlich wachsen auch Haare und Nägel, und man darf nicht vergessen, sie laufend zu schneiden.
Bei diesem Wettlauf hat man viel Zeit nachzudenken, und so dachte auch unsre Anna nach. Ich kann langsam und ich kann schnell laufen, dachte sie. Aber aller guten Hexendinge sind drei. Also müsste ich noch etwas Drittes können.
Aber was?
Aber was??
Aber was???
Sie lief den Sommer hindurch, den Herbst und den Winter, und im Frühling fiel ihr das Dritte ein.
Sie müsste lernen, auf den Händen zu laufen.
Während all dieses Nachdenkens war Anna aus Leibeskräften gerannt und gerannt und war doch nicht

weiter vorangekommen, als ein Haar ihrer Mutter Rapunzel breit ist, und rote Haare sind die dünnsten. Die andern Teilnehmer hatten längst aufgegeben, und so war Anna Humpelbein auch im Langsamrennen Sieger.

Nun lernte sie auf den Händen gehen.

Da ist ja nun weiter nicht viel dabei, und Menschenkinder genug, so Trine und Bine, beherrschen diese Kunst fabelhaft. Sie laufen da einfach mit den Sohlen nach oben und dem Scheitel nach unten, und sehen die Welt verkehrt, und gewöhnen sich dran. Doch wenn Hexen einmal die Welt verkehrt anschaun, wird die Welt tatsächlich verkehrt.

Anna merkte es, als sie einmal auf den Händen lief und ein Fuchs einen Hasen jagte. Das heißt: der Fuchs hatte den Hasen gejagt, als Anna auf beiden Füßen lief. Da sie aber dann auf die Handflächen wechselte und die Welt nun verkehrt herum ansah, wurde plötzlich auch die Welt verkehrt, und nun jagte der Hase den Fuchs.

Sie probierte es noch einmal bei einem Marder und einem Eichhörnchen aus, und wieder jagte der Nager den Räuber.

Das ist ja aufregend!, dachte Anna. Und sie dachte: Heut Nacht ist was los!

In der Hexenmathestunde, als die Kinder das Hexeneinmaleins lernten, meldete sie sich: »Ich muss mal raus!«
Doch kaum war sie draußen, sprang sie auf die Hände und lief vor dem Klassenraum auf und ab, und da saß der Lehrer auch schon unten in der Schulbank, und oben auf dem Podium standen die Schüler.
»Warum hast du die Hausaufgaben wieder nicht gemacht?!«, schalten die Schüler den Lehrer.
»Ich wusste nicht, dass wir welche aufhatten!«
»Immer dieselben dummen Ausreden! Zur Strafe schreibst du das Hexeneinmaleins hundertmal ab!«
So ging es die ganze Mathestunde, denn so lange lief Anna auf den Händen.
Wenn man aber so lang auf den Händen läuft, verkehren sich auch die Gedanken, und es fallen einem Dinge ein, an die man gewisslich sonst nicht gedacht hätte. So kam denn Anna der Gedanke, einmal das Ende der Welt zu sehn.
Das Ende der Welt war ja gar nicht so weit, nur sieben Hasensprünge entfernt. Doch es brannte dort ein so grimmiges Feuer, dass niemand sich ihm nahen konnte. In der Schule, in der Hexenheimatkunde, wurde eindringlich davor gewarnt. Einmal, so erzählten die Lehrer, habe der keckste Teufel aus der Hölle

durch dieses Feuer zu springen versucht und sei jämmerlich dabei umgekommen, und die Mannschaft, die ihn retten wollte, auch.
Seitdem gab es für die Hexen ein strenges Verbot, an solch eine Reise auch nur zu denken.
Anna jedoch wollte just dorthin.
Am Tag, als Mutter Rapunzel schlief, in ihr langes, rotes Haar eingewickelt, stahl Anna sich wieder leise davon. Da sie etwas Verkehrtes tun wollte, lief sie natürlich auf den Händen. Sechs Hasensprünge weit kam sie rasch. Der erste führte aus dem Wald, der zweite über eine Wiese, der dritte über freies Feld, der vierte über ein Gletschergebirge, der fünfte über den Ozean und der sechste durch eine tote Wüste.
Dort sah sie schon das Ende der Welt.
In einem ungeheuren Feuer brannten Erde, Wasser und Luft, und das Feuer griff immer weiter um sich. Der klirrende Sand zerschmolz wie Wachs, das lohende Salzmeer prasselte und zischte, die Ränder des Himmels zerstäubten in Flammen, und das Herz des Feuers verzehrte sich selbst, und sein Qualm erstickte die Sonne.
Zu gleicher Zeit Feuer und Finsternis.
Anna erschrak, als sie das Ende der Welt sah, und wäre sie nicht auf den Händen gelaufen, hätte sie wohl

rasch wieder kehrtgemacht. So aber fiel ihr sofort ein, dass sie auf ihrem rechten Fuß ja schneller als der Wind laufen könne: Vielleicht käme sie heil durch das Feuer hindurch?
Aber wohin gelangte sie dann?
Sie wusste es nicht.
Sie wechselte auf die beschuhten Füße, und als sie die Welt wieder unverkehrt sah, wusste sie, wohin sie kommen würde. Sie stand jetzt *hinter* dem Ende der Welt: Wenn sie also da hindurchging, musste sie *vors* Ende der Welt gelangen. Wie es wohl dort aussehen mochte? Ob diese Gegend auch bewohnt war: ob es dort auch Bäume und Tiere gab, und verständige Wesen wie Hexen und Teufel, und Hexenschulen mit Hexenkindern und Mathelehrern und Hausaufgaben und Sportfesten und Humpelbeinen und großäugigen Eulen in der Nacht? Vielleicht wohnten die ganz nahe am Ende der Welt und hatten keine Ahnung von seinen Schrecken und wussten nicht, wie es sich näher fraß, und es wäre wichtig, sie zu warnen?
Anna war als Humpelbein aufgewachsen, darum kannte sie ein Gefühl, das Hexen sonst recht wenig kennen: Sorge um jemand, der anders ist als sie.
Außerdem war sie einfach neugierig.

Aber: Durch *dieses* Feuer laufen?
So stritten in Anna Neugier, Sorge und Angst, und da sie spürte, dass die Angst überhand nahm, nahm sie schnell ihr linkes Bein in die Hand und warf es über die rechte Schulter und rannte auf dem schnellen Fuß so schnell sie nur konnte durch das Feuer.
Sie rannte schneller als der Blitz.
Sie fühlte das Blut in den Adern kochen und schmeckte Schwefel in ihren Lungen und hörte im Herzen einen furchtbaren Knall, da hatte sie schon das Feuer durchbrochen und stand nun *vor* dem Ende der Welt.
Vor dem Ende der Welt lag ein dichter Wald, in den sich das Feuer gierig einfraß, und in diesem Wald hausten zwei Riesen.
Schon von weitem hörte Anna sie lärmen.
»Der Wald gehört mir!«, brüllte der eine der Riesen, und gleichzeitig brüllte der andre das Gleiche, und ein knirschendes Krachen erscholl. Es klang, als ob Felsen auf Felsen prallten, und so ähnlich war es auch. Die Riesen rissen Berge aus und schlugen sie einander über die Schädel. Blut lief ihre Nasen hinab, die Ohren waren abgerissen, die Stirnen zerbeult, die Backen zerschlagen, und die Augen hingen aus den Höhlen. Ach, und wie erst der Wald aussah! Es musste einmal ein prächtiger Wald gewesen sein: uralte Buchen,

erhabene Tannen, breitkronige Eichen und sanfte Linden, fröhliche Eschen und wehende Pappeln, und dazwischen Zypressen und Pinien und Palmen, und im Moos wohl alle Blumen der Welt.
Anna sah rote und blaue Blüten, gelbe, violette, weiße und grüne, silberne und goldene und regenbogenfarbne, doch alle zertrampelt und zerstampft, die Bäume geknickt, die Berge zertrümmert, die Quellen zertreten und die Bäche voll Schmutz.
Und die Riesen prügelten sich noch immer.
Da erblickten sie Anna und hielten ein.
»Wer bist du?«
»Was willst du?«
»Was treibst du da?«
»Ich bin Anna Humpelbein«, sagte Anna, »und komme aus dem Hexenwald.« Und sie wollte vom Ende der Welt berichten, doch die Riesen hörten ihr nicht mehr zu.
»Du kommst gerade recht!«, brüllten beide, und einer zeigte auf den andern, und jeder schrie: »Hex den da weg! Der Wald gehört mir!«
Anna begann sich zu graulen und gleichzeitig zu ärgern.
»Was nützt euch der Wald, wenn ihr ihn kaputt schlagt? Er ist doch groß genug für euch beide.«

Da warfen die Riesen die Berge weg, mit denen sie sich geprügelt hatten.

»Waffenstillstand, lieber Bruder!«, riefen sie wie aus einem Munde. »Lass uns zuerst diese Hexe totschlagen, dann kämpfen wir in Ruhe zu Ende!«

»Ihr seid Brüder?«, fragte Anna verblüfft.

»Na klar«, sagten die Riesen. »Sieht man uns das nicht an?«

»Ihr seht beide gleich dumm aus, das ist schon wahr.«

Da brüllten die beiden Riesen wieder, dass sie Anna nun totschlagen würden, und jeder griff nach einem Baum, um damit auf Anna einzuhauen: der eine Riese nach einer Esche, der andere nach einer Eiche.

Als Anna das sah, sprang sie schnell auf die Hände und lief um die Riesen und Bäume herum, und nun wurde natürlich alles verkehrt: Die Bäume griffen nach den Riesen und rissen sie vom Boden hoch! Die Eschenäste packten den einen und die Eichenäste den andern an den Fersen, und die Bäume schlugen mit den Riesen wie Rüpel mit Knüppeln aufeinander los. Anna war begeistert.

Sie lief immer schneller im Kreis herum, und die Bäume droschen immer fester, und die Riesen heulten immer lauter, und es war Anna, als riefe der Wald ihr zu, noch hundert Jahre so weiterzulaufen. Das hät-

te Anna schon gern getan, allein sie musste ja bald zurück: Mutter Rapunzel würde sich ängstigen, und in der Hexenschule war morgen Nacht Prüfung, ausgerechnet in Mathematik.
Also nichts wie weg!
Feuer und Finsternis, Flammen und Qualm: Da stand sie wieder am Ende der Welt.
Nur schnell hinüber, dachte Anna, die Riesen laufen mir sicherlich nach!
Doch vor Aufregung verwechselte sie die Beine: Sie warf ihr schnelles über die Schulter und lief nun auf dem langsamen.
Sie lief so rasend und angestrengt, dass sie gar nicht dazu kam, sich zu wundern, dass sie immer noch rannte und rannte und rannte und noch nicht durch das Feuer hindurch war. Endlich entdeckte sie ihren Irrtum, da aber war es schon zu spät. Die Riesen waren ihr nachgelaufen und packten sie so fest an den Schultern, dass sie sich nicht mehr rühren konnte.
Sie schimpfte und spuckte, aber das half nichts.
»Lass uns die böse Hexe ins Feuer werfen, o mein lieber Bruder!«, riefen die Riesen wie aus einem Munde.
Und sie hoben das Hexenkind hoch.
»Ihr steht doch vorm Ende der Welt!«, schrie Anna. »Seht ihr Dummköpfe denn nicht, wie nah es euch

ist! Bald hat es euern Wald verbrannt! Haltet es auf, bevor es zu spät ist.«

»Oh«, sagten die Riesen und rissen den Mund auf. »Das Ende der Welt! Das ist aber nahe. Da müssen wir uns ja viel schneller prügeln, dass sich die Gerechtigkeit endlich durchsetzt!«

Und sie brüllten beide: »Der Wald gehört mir!«

»Nein, mir!«

»Nein, mir!«

»Nein, mir!«

»Nein, mir!«

Der eine Riese ließ Anna los und griff nach einem brennenden Baum, dem Bruder damit den Mund zu stopfen, aber der hielt Anna noch fest.

»Waffenstillstand, lieber Bruder! Lass uns zuerst diese Hexe verbrennen. Ihr dummes Gerede schafft nur Verwirrung. Dann bringen wir unsern Kampf zu Ende, und niemand wird uns mehr dabei stören.«

»Ja, mein lieber Bruder, das wollen wir tun!«

Der Riese packte aufs Neue zu, doch Anna hatte die Zeit genutzt und ihr langsameres Bein über die Schulter gelegt, und diesmal hatte sie sich nicht vergriffen. Sie sagte: »Ich habe noch eine letzte Bitte, und letzte Bitten muss man erfüllen. Wenn ihr mich schon ins Feuer werft, dann wenigstens mit einem Riesen-

schwung! Doch ich glaube, ihr könnt nicht einmal das!«

Da lachten die Riesen: »Das können wir wohl!«

Sie nahmen einen Riesenanlauf und schwangen das Hexenkind ins Feuer, und Anna fiel auf den raschen Fuß und rannte, vom Schwung der Riesen getragen, schneller als der Blitz hinters Ende der Welt.

Sie fühlte das Blut in den Adern kochen und schmeckte Schwefel in ihren Lungen und hörte im Herzen einen furchtbaren Knall, und danach noch ein dumpfes Plumpsen.

Dann war sie aus dem Feuer heraus.

Das Plumpsen war diesmal neu, dachte sie. Wahrscheinlich hat der eigene Schwung diese dummen Riesen ins Feuer geworfen! Doch was kümmert es mich. Sie verdienen nichts andres.

Sie sah nach der Sonne: Oh, höchste Zeit!

Schnell die sechs Hasensprünge zurück: durch die Wüste, über das Salzmeer, übers Gletschergebirge, durchs freie Feld, über die Wiese und, husch, in den Hexenwald hinein.

Gut, dass sie sich so gesputet hatte! Die Sonne kroch schon ins Moor hinunter, die Nacht äugte stumm durch die Birkennadeln, und Mutter Rapunzel rekelte sich aus ihrem langen, roten Haar.

Anna konnte gerade noch unbemerkt in ihr Moosbett schlüpfen, da fühlte sie sich schon an der Schulter gepackt.

»Aufstehn!«, rief Mutter Rapunzel und schüttelte sie. »Aufgestanden, die liebe Nacht lacht! Gleich ruft das Käuzchen. Höchste Zeit für die Schule!«

Anna tat so, als ob sie erwache. Sie reckte sich und streckte sich und blinzelte und gähnte und gähnte. Das Gähnen war echt. Sie war ehrlich müde.

»Hast du was Tolles geträumt?«, fragte Mutter Rapunzel. »Vom Schwarzen Wildschwein oder so?«

»Noch was viel Tolleres!«, antwortete Anna. »Vom Ende der Welt.«

»War das lustig?«, fragte Mutter Rapunzel und strich Brötchen mit der guten Tollkirschen- und Stechapfelmarmelade.

»Eigentlich nicht«, erwiderte Anna und packte die Brötchen in ihren Ranzen, der wieder einmal viel zu schwer war.

»Kannst du deine Aufgaben?«, fragte Mutter Rapunzel. »Ihr habt doch heute Matheprüfung.«

»Die schaff ich schon«, sagte Anna zerstreut. »Ich laufe dann wieder auf den Händen.«

»Lernt ihr das jetzt in Mathe?«, fragte Mutter Rapunzel. »In meiner Schulzeit gab's das noch nicht.«

»Die Welt schreitet eben fort, Hexenmutter!«
Und Anna humpelte in die Schule; weil es jeden Augenblick läuten musste, lief sie das letzte Stück auf dem schnellen Bein.

Doris Zauberbein

Im märkischen Sand, dort, wo die Spree fließt, lebte einmal eine Doris, die war sieben Jahre alt und wollte gerne zaubern lernen.
Warum sie das wollte? Na, einfach nur so. Sie dachte, es müsse sehr lustig sein, zaubern zu können.
Wenn man zum Beispiel allein war und Langeweile hatte, zauberte man sich drei Elefanten, einen blauen, einen roten und einen getupften, und spielte mit denen dann Einkriegezeck. Oder wenn man im Konsum anstand, um Kokosflocken zu kaufen, und man würde nie drankommen, weil die Erwachsenen einen immer zur Seite schubsten, dann könnte man diese eingebildeten Großen so klein wie Däumlinge zaubern und ganz von oben herab zu ihnen sagen: »He, ihr Kleinen, drängelt nicht so!« Oder wenn man durch die Stadt ging und die trostlosen grauen Häuser sah, die da die Spree flussabwärts standen, dann könnte

man sie mit einem Zauberspruch kunterbunt malen, mit Pilzen und Springbrunnen und Wildschweinen an den Wänden, und den Polizisten, die so grimmig die Häuser umstrichen, würde sie einen kleinen grünen Kuckuck in die Schirmmütze wünschen, der würde alle Viertelstunden herauskommen und Kuckuck! sagen, und dann würden die Leute den Polizisten zuschmunzeln, statt ihnen aus dem Weg zu gehen. Wär das schön, wenn man zaubern könnte!
Aber wer lehrte diese Kunst?
Eines Tages, als Doris wieder mal Langeweile hatte, ging sie ein Stück die Spree hinunter, da kam sie zu einem Storchennest. Das Nest stand auf einem Wagenrad, das Wagenrad stand auf einem Schuppen, der Schuppen stand auf einer Wiese, und in dem Nest auf dem Wagenrad auf dem Schuppen auf der Wiese stand ein Storch, der stand auf seinem linken Bein und schaute nach Afrika hinunter.
»Guten Tag, lieber Storch, wie geht's?«, fragte Doris. Sie fragte das, weil sie sehr freundlich war, und außerdem hatte sie Langeweile und hätte gern ein Gespräch angefangen. Sie dachte nicht, dass der Storch antworten werde, doch zu ihrer Überraschung klappte der seinen Schnabel auf und sagte: »Guten Tag, liebe Doris.«

»Nanu«, sagte Doris, »du kannst ja reden.«

»Na klar«, sagte der Storch, »aber nur zu freundlichen Kindern.«

»Fein«, sagte Doris, »da kannst du mir ja verraten, warum du immer auf einem Bein stehst.«

»Damit ich nach Afrika schauen kann«, sagte der Storch. »Wenn ich nämlich nicht nach Afrika schauen kann, werde ich so grämlich wie ein verregneter Sonntagmorgen. Hier bei euch ist alles so aschgrau und langweilig. Sogar die Frösche quaken nur noch traurig. In Afrika ist's viel lustiger!«

»So weit kannst du schauen?«, fragte Doris. »Wie machst du das? Afrika liegt doch noch hinter dem Thüringer Wald, und der ist schon so schrecklich weit weg von der Spree.«

»Deswegen steh ich ja auf einem Bein«, sagte der Storch. »Wenn man nämlich ganz ruhig und lang genug auf einem Bein steht und das andere hochzieht, kann viel mehr Blut das Gehirn durchlaufen, weil viel weniger Blut nach unten muss, und dadurch bekommt man Zauberkräfte. Man kann dann eben bis nach Afrika schauen.«

»Ich danke dir, lieber Storch!«, rief Doris. »Nun weiß ich, wie ich's anfangen muss.«

Sie lief so schnell, als sie nur konnte, nach Hause und

übte, auf einem Bein zu stehen und das andre hochgezogen zu halten, ohne sich zu rühren. Nicht einmal blinzeln durfte man da, und natürlich schon gar nicht husten oder niesen.

Nachdem sie ein Jahr lang fleißig geübt hatte, hielt sie eine Stunde Reglosigkeit durch. Sie machte das so: Sie zog das linke Bein so hoch, dass sie mit dem Knie fast das Kinn berührte, umschlang den Knöchel mit beiden Armen und drückte das Bein fest an die Brust. Dabei sah sie immer nach Süden hinunter und wartete, bis sie nach Afrika sah.

Aber sie sah niemals etwas andres als das, was sie alle Tage erblickte, wenn sie aus dem Fenster schaute, nämlich ein Haus mit verwittertem Rotputz, von dem manchmal ein Stück auf die Straße fiel. Nicht einmal die zwei Straßen weiter bis zum Konsum konnte sie sehen, und dabei war es doch wichtig zu wissen, wann es endlich wieder Kokosflocken gab.

Da ging sie zu dem Storch in dem Nest auf dem Wagenrad auf dem Schuppen auf der Wiese.

Diesmal stand er auf keinem Bein; er lag in seinem Nest und träumte.

»Guten Tag, lieber Storch!«

»Guten Tag, liebe Doris. Na, wie schaut's aus? Kannst du schon bis nach Afrika sehen?«

Da klagte ihm Doris, dass sie eine Stunde reglos auf einem Bein stehen könne und noch nicht einmal bis zum Konsum, geschweige denn nach Afrika sehe.
»Auf welchem Bein stehst du?«, fragte der Storch.
»Auf dem rechten«, sagte Doris.
»Ach, das ist ja verkehrt«, erklärte der Storch. »Du müsstest auf dem linken Bein stehn. Wenn du eine ganze Stunde auf dem linken Bein stehn kannst, ohne dich zu rühren, dann fangen die Zauberkräfte an.«
»Und warum auf dem linken Bein?«
»Weil das näher am Herzen ist«, sagte der Storch.
Nun musste Doris umlernen. Sie übte wieder ein ganzes Jahr. Sie hatte zwar schon viel Erfahrung, doch weil das linke Bein näher am Herzen als das rechte liegt, fällt es viel schwerer, drauf reglos zu stehen. Das linke Bein fängt an zu zittern, wenn der Herzschlag es ununterbrochen durchpulst, und man möchte dann laufen und vorwärts stürmen, statt so reglos auszuhalten.
Außerdem war das rechte Bein viel kitzeliger als das linke, und wenn das eine Bein vorwärts laufen und das andere lachen will, dann fällt es doppelt schwer, stille zu stehn.
Doris wollte schon verzweifeln, da sah sie an einem Sonntagmorgen, als sie tapfer auf dem linken Bein

stand und sich kaum noch zu atmen traute, plötzlich das Haus vor ihrem Fenster blass und glasig und durchsichtig werden, die Häuserwände, die Zimmerwände, und dahinter die nächsten Häuser, Straße um Straße, immer schneller und rascher, dann tauchten hinter den durchsichtigen Städten Berge auf, zuerst grüne, dann weiße, schneebedeckte, und auch durch die Berge konnte man sehen, mit ihren Metallen und ihren Gnomen und ihren geheimnisvollen Quellen, die sich plötzlich als Flüsse in ein Meer ergossen, ein jähes riesiges blaues Glänzen, und schon tauchten dahinter Palmen auf, und ungeheuer blendende Städte, und ein Wüstensaum, und ein lehmgelber Strom, und aus dem Strom tauchte ein Krokodil, das trug einen blauen Fleck auf der Schnauze, und bleckte seine zehntausend Zähne, und brüllte ein furchtbares Uäh!
»Ich schaue nach Afrika!«, brüllte Doris zurück.
Sie eilte zum Storch und erzählte ihm alles.
»Das war der Fluss Nil«, erklärte der Storch. »Dort wohne ich zwischen Herbst und Winter, und das Krokodil war sicher das allergefährlichste, der schreckliche Räuber Mutaphar. Trug es einen blauen Fleck auf der Schnauze?«
»Ja«, sagte Doris.

»Dann war es Mutaphar!«, rief der Storch. »Ich hab ihm mit dem Schnabel auf die Schnauze gehauen, als es einmal nach mir schnappen gewollt hat. Man darf sich nämlich von Krokodilen nichts gefallen lassen!«

Er klapperte ganz aufgeregt und wollte weiter vom Nil erzählen, aber Doris unterbrach ihn.

»Was kann ich denn nun alles zaubern?«, wollte sie wissen.

»Zeig mal deinen linken Fuß«, sagte der Storch.

Da streckte ihm Doris den linken Fuß hin.

»Gut«, sagte der Storch, »der ist in Ordnung. Der Nagel auf deiner Mittelzehe ist so glatt und blank und rund wie ein Auge, mit dem kannst du so weit sehen, als du nur willst. Nah sehen kannst du natürlich auch. Dann entdecke ich noch drei Zauberkünste. Wenn du deinen großen Zeh rechtsrum drehst, kannst du dort, wo du hinschaust, eine fürchterliche Kälte erzeugen, und wenn du den großen Zeh linksrum drehst, eine fürchterliche Hitze.«

»Und das dritte?«, fragte Doris.

»Das ist das Schwierigste«, sagte der Storch. »Wenn du in die Ferne oder Nähe schaust, kannst du deine Gedanken dort laut werden lassen, wo dein Blick weilt, denn sprechen darfst du ja nicht, da bewegtest du dich. Du musst, um dein Denken hörbar zu machen, mit deinem kleinen Zeh schnell auf und ab wippen, aber nur mit dem kleinen Zeh, nicht etwa mit dem Zeh daneben. Der muss so still stehn wie ein Steinpilz, sonst wird dein Denken wackelig, und man könnte dich nicht mehr verstehen. Wenn du diese drei Künste gelernt hast, bist du eine echte Doris Zauberbein.«

»Ich lerne das sicherlich!«, sagte Doris verklärt.

Sie übte abermals drei Jahre: eines, den großen Zeh rechtsrum zu drehen, eines, den großen Zeh linksrum zu drehen, und eines, mit dem kleinen Zeh auf und ab zu wippen und den Zeh daneben so still zu halten, als gehöre er zu einem anderen Mädchen. Dann wollte sie die Probe machen, ob sie eine richtige Doris Zauberbein sei.

Ich schaue zuerst mal zum Konsum hinunter, dachte sie.

Sie zog das rechte Bein an die Brust und stand eine Stunde ganz unbeweglich, dann begann das Haus vor ihrem Fenster durchsichtig zu werden, glashaft flirrende Schattenräume, durch die Schatten von Menschen glitten, und dann tauchte dahinter der Konsum herauf, mit seinem üblichen Gedränge und seiner mürrischen magren Verkäuferin. Es gab frische

Kokosflocken, weiße, rosane, gelbe und grüne, aber Doris freute sich nicht. Sie sah im Gedränge ihren Freund Dagobert, der war der Kleinste aus der Klasse, und wie üblich drängten ihn die Großen zur Seite, und die Verkäuferin duldete es.
Na, warte!, dachte Doris, jetzt langt's mir!
Sie drehte ihren großen Zeh linksrum, und da wurde es im frostigen Konsumladen plötzlich heiß und rasch heißer. Die magere Verkäuferin begann zu schwitzen, ihre fetten Kundinnen begannen zu tropfen, die Margarine begann zu schmelzen, und die Butter und Schokolade auch.
»O Gott«, stöhnte die dicke Frau Dachdeckermeister, die soeben mit ihrem mächtigen Hintern den kleinen Dagobert weggedrängt hatte, »o Gott, wo kommt diese Hitze nur her?«
»Vielleicht ist der Kühlschrank verrückt geworden«, ächzte die Verkäuferin.
»O-dher a-bher dhas Ther-mho-mhe-ther«, hauchte die Frau Dachdeckermeister.
Die Verkäuferin wollte das Fenster aufreißen, da schallte eine Stimme so laut durch den Raum, dass sie mitten im Schritt und Zugriff zurückschrak.
»Die Hitze kommt nur von eurem Gedränge!«, dröhnte die Stimme. Die siebenundzwanzig Kundinnen

erschraken so arg, dass ihnen trotz des sprudelnden Schweißes eine Gänsehaut über die Arme lief. Sie konnten ja nun wirklich nicht wissen, dass es die Doris Lange war, die, da sie diese Worte dachte, am Fenster auf ihrem Zauberbein stand und mit dem kleinen Zeh wackelte und den Zeh daneben ganz stille hielt.
Die Kunden konnten Doris nicht sehen, doch Doris beobachtete sie genau. Sie standen mit aufgerissenem Mund da, siebenundzwanzig erschrockene Weiber, mit knisternder Gänsehaut auf den Armen, und jede stand in einer Pfütze, als hätte sie sich in die Hose gemacht.
Da kam Doris eine große Idee.
»Ich bin Zauberbein, die Schützerin der Schwachen!«, so scholl ihre Stimme. »Es wird höchste Zeit, dass jemand sie schützt. Wenn ihr noch einmal ein Kind wegdrängelt, dann heize ich euch Großen dermaßen ein, dass ihr schmelzt wie ein Eiszapfen im Frühling! Und nun wird Dagobert endlich bedient, der ist nämlich schon lange dran!«
»Was möchtest du denn, mein lieber Kleiner?«, lispelte die Verkäuferin. Der Schweiß lief ihr wie ein Bach über die Nase. Ihre Freundlichkeit war geheuchelt, doch ihr Schweiß war echt.

Doris konnte nicht hören, was die Verkäuferin sagte, doch als sie sah, dass Dagobert drankam, hörte sie auf, ihren großen Zeh zu drehen, und sofort ließ im Laden die Hitze nach.
»Für zwanzig Pfennig Kokosflocken«, sagte Dagobert, und die Verkäuferin wog ihm drei Stück ab, eine weiße und zwei gelbe.
»Und einen Pfennig bekommt er auch noch raus!«, rief Doris, die prima rechnen konnte.
Die Verkäuferin legte den Pfennig hin.
Jetzt bin ich der Schützer der Schwachen!, dachte Doris. Nun muss ich aber Tag für Tag durch die Stadt schauen, dass nirgendwo ein Unrecht geschieht.
Am nächsten Tag sah sie zur Brücke hinunter, dorthin, wo die Verkehrsampel so oft nicht funktioniert und auch kein Verkehrspolizist sich dann sehen lässt. Sie erblickte einen Rollstuhlfahrer, der wollte über die Brücke kommen, doch die Autos, die am Uferdamm, der großen Hauptverkehrsstraße längs des Flusses, dahersausten, ließen ihn einfach nicht über die Fahrbahn. Sie rollten und rollten und rollten und rollten, und keiner der Fahrer dachte daran, den Mann im Rollstuhl vorbeizulassen, und auch an die Fußgänger dachte niemand.
Na, wartet!, sagte sich Doris, jetzt langt's mir!

Sie drehte ihren großen Zeh rechtsrum und blickte dabei ganz fest auf die heransausenden Autos, und da brach eine so grimmige Kälte aus, dass die Autos an der Straße festfroren.
Die Fahrer gaben Vollgas; die Motoren heulten; allein die Räder drehten sich nicht.
Nun froren den Autofahrern auch die Nasen blau und die Finger steif, und zu allen den Schrecken durchdonnerte den Motorenlärm eine zornige Stimme.
»Hier spricht Zauberbein, die Schützerin der Schwachen!«, erscholl die Stimme. »Zur Strafe für eure Missetat bleibt ihr eine Stunde lang festgefroren.«
Der Rollstuhlfahrer rollte indes unangefochten über die Brücke, und die Fußgänger gingen mit ihm.
Die Autos brüllten vor Wut, doch das half ihnen nichts. Nun wollten die Fahrer ihre Wagen anschieben, da waren sie schon auf ihren Sitzen und am Lenkrad festgefroren. Aus ihren Nasenlöchern begannen Eiszapfen zu wachsen, Eisblumen rankten sich über die Fenster, und die frierenden Knochen klapperten lauter, als die Motoren dröhnten.
Die Autos stauten sich quer durch die Stadt, und nun wurde selbst die Verkehrspolizei aufmerksam.
»Was ist denn vor der Brücke los?«, fragte der Polizeioberhauptmann.

»Ein plötzlicher Frosteinbruch«, wurde ihm gemeldet.
»Aha«, sagte der Polizeioberhauptmann und nickte bedeutend mit dem Kopf, doch davon taute das Eis nicht auf.
Unterdessen begann auch das Benzin in den Tanks einzufrieren.
Als Doris erkannte, dass die Autofahrer keine fünf Minuten mehr aushalten würden, ohne ernsten Schaden zu nehmen, hörte sie auf, ihren Zeh zu drehen, und die Kälte ließ nach.
»Ihr könnt weiterfahren!«, rief Doris ihnen zu, »und ein nächstes Mal seid ihr rücksichtsvoller, verstanden, sonst friert ihr tatsächlich eine Stunde lang fest!«
Seitdem wagte es in dieser Stadt keiner mehr, einem Behinderten die Straße zu sperren.
Natürlich sprach sich's wie ein Lauffeuer herum, dass ein Zauberbein an der Spree sein Unwesen treibe, und alle rieten, wer das wohl sei.
Einige dachten an eine alte Frau, die in der Stadt nur »die Hexe« hieß; viele dachten an den Pastor, etliche dachten an die UNO, einige an einen Beauftragten des Staatsrats, aber keiner kam auf die Doris Lange.
Auch die Polizei forschte nach der Zauberin. Es passte ihr nicht, dass jemand an einem kühlen Tag eine Hitze

zauberte und an einem heißen Tag eine grimmige Kälte. Das war keine Ordnung; und Ordnung muss sein. Außerdem war sie eifersüchtig, dass irgendjemand andrer als sie Einwohner der Stadt beschützen wolle. Die Bürger konnten ja sonst glauben, die Polizei sei überflüssig.

So fuhren denn die Polizisten in großen Wagen durch die Stadt, um auszukundschaften, woher die Zauberkräfte strahlten. Diese Wagen hatten auf den Dächern Antennen, das waren so eine Art drehbare Nasen, die Ausstrahlungen riechen können. Man nennt dieses Strahlengeschnüffel »peilen«, und die Polizei kann das.

Als der Storch diese Wagen herumfahren sah und wahrnahm, wie ihre Nasen sich drehten, flog er zu Doris und warnte sie.

Ej, dachte Doris, die leg ich schon rein!

Drei Tage lang zauberte sie nicht mehr, und die Wagen mit ihren Schnüffelnasen fuhren die Spree hinauf und hinunter und rochen kein Häuchlein von Zauberei.

Am nächsten Tag ging Doris zum Storch.

Er stand in seinem Nest auf dem Wagenrad auf dem Schuppen auf der Wiese, und neben ihm stand seine Frau, die Störchin, und neben den beiden drei Stor-

chenkinder, zwei Storchenjungs und ein Storchenmädchen. Sie standen alle auf einem Bein und schauten Doris neugierig entgegen.
»Darf ich raufkommen?«, fragte Doris.
»Na klar!«, klapperten alle fünf Störche.
»Heute zaubre ich von hier aus«, erklärte Doris. »Da wird die Polizei dann die Augen aufsperren, wenn sie rauskriegt, dass der Zauber aus dem Storchennest strahlt.«
»Au, prima«, lachte das Storchenmädchen, »das wird ein lustiges Abenteuer.«
Es war ein milder Sommerabend, das Flussufer roch nach Kalmus und Pilzen, Sonnenrot schaukelte auf dem Wasser, und durch die reglos laue Luft tanzten Schwärme von winzigen Mückenkindern. Doris streckte ihr Bein zur Spree hinunter, und diesmal brauchte sie nicht lange zu warten: Ganz nahe, bei den Stadtanlagen, wo Bänke mit geschweiften Lehnen unter Jasmin und Schlehbüschen stehen, war ein betrunkener Kerl über eine Frau hergefallen und versuchte sie zu vergewaltigen.
Die Frau lag am Boden und schrie um Hilfe, doch die Leute, die in der Nähe saßen, sprangen auf und liefen rasch fort. – Was geht es uns an, dachten sie, wir haben nur Ärger, wenn wir helfen; vielleicht kriegen

wir ein paar Schläge ab, oder unser Anzug wird beschädigt, da lass lieber die Frau beschädigt sein!
So liefen sie fort, doch in sichrer Entfernung blieben einige von ihnen stehen und reckten die Köpfe durch die Büsche und gafften gierig, was nun geschehe.
Doris drehte den Zeh rechtsrum in die Kälte, das merkte der Betrunkene nicht, also drehte sie ihn linksrum, und das merkte er auch nicht.
»Wie soll ich nur helfen!«, rief sie verzweifelt. »Wenn ich eine Feuerhitze zaubre, dann brenne ich auch der Frau Löcher ins Fleisch, und zaubre ich eine grimmige Kälte, frieren auch ihr die Ohrläppchen ab.«
»Das ist Weibersache, das lass uns mal machen!«, sagten Storchenfrau und Storchenmädchen. Sie stürmten, ein rauschender Zorn, zum Tatort und begannen mit ihren mächtigen Flügeln und ihren kräftigen spitzen Schnäbeln auf den Kerl über der Frau einzuhaun. Entsetzt sprang der Kerl auf und rannte davon, und auch die Gaffer stoben auseinander, als die Störchinnen sich nun ihnen zuwandten.
»Hier spricht Zauberbein, die Schützerin der Schwachen!«, rief Doris den Davonlaufenden nach, da erscholl schon ein ununterbrochenes Hupen, tief und hoch in rasch wechselnder Folge, und zwei Schnüffelautos rasten heran.

»Der Zauber strahlt aus dem Storchennest!«, rief der Polizist, der die Antenne drehte. »Das ist doch nicht möglich!«
Die Polizisten kletterten aus den Wagen und starrten zum Storchennest empor.
Natürlich stand Doris längst auf beiden Beinen, und die Storchenjungs umdrängten sie und deckten sie mit den Flügeln zu, sodass man sie nicht erblicken konnte.
Ein Polizist kam langsam näher.
»Ist jemand im Nest?«, rief er hinauf.
»Hier wohnen fünf Störche«, klapperte der Storch, »und die haben als Ausweise sehr spitze Schnäbel. Ihr seht sie besser von unten an!«
Die Polizisten verstanden die Storchensprache nicht, aber sie sahen die spitzigen Schnäbel klappern und fürchteten um ihre heile Haut.
»Ach was, dummes Zeug, Störche können nicht zaubern!«, erklärte der Polizeioberhauptmann, der unterdes eingetroffen war.
Die Polizisten nickten eifrig.
»Die Antennen haben versagt, das ist es!«, erläuterte ihr Vorgesetzter. »Der Betrieb hat uns wieder mal Ausschuss geschickt. Wir fahren hin und schimpfen die Arbeiter aus.«

Die Polizisten kletterten in ihre Wagen, und die fuhren mit lautem Hupen davon.

»Auch wir müssen Abschied nehmen«, sagte der Storch. »Morgen fliegen wir nach Afrika zurück. Ich spüre, dass dies Jahr der Winter sehr früh kommt und ungeheuer scharf werden wird. Die Frösche haben schon ganz kalte Füße, und so sehr viele Bürger sind mächtig verschnupft.«

»Ach, wenn ich doch mitfliegen könnte«, seufzte Doris. »Ich möchte so gern mal richtig den Nil sehn und den bösen Räuber Mutaphar ärgern. Habt ihr keinen Zauber, der bewirkt, dass ich fliege?«

»Wir hätten schon einen«, sagte die Störchin. »Wir müssten die Schalen von den Eiern sammeln, aus denen unsere Kinder geschlüpft sind, die müsste ich dann um dich herum zu einem großen Storchenei kleben, dich ins Nest legen und ausbrüten. Das Ganze dauert aber zehn Wochen, und so lange können wir nicht mehr warten. Es wird wirklich zu kalt in Deutschland.«

»Dann machen wir's nächsten Mai«, sagte Doris. »Einmal muss ja der Winter weichen, und bis dahin sammle ich Storcheneischalen.«

»Du musst es dir gut überlegen«, warnte der Storch. »Es gibt nämlich etwas dabei zu bedenken. Wenn

du einmal ein Storchenkind bist, kannst du nie mehr wieder ein Menschenkind werden. Es gibt kein Zurück, also überleg es genau!«

»Ich will's bedenken«, sagte Doris Lange aus der Paulastraße 22. »Und ich wünsche euch einen guten Flug. Grüßt mir den Nil samt dem Mutaphar!«

»Und die Pyramiden auch«, versprachen die Störche.

»Und schreibt mir mal«, rief ihnen Doris noch zu, als sie aus dem Storchennest stieg.

»Das können wir leider nicht«, sagte die Störchin. »Doch du kannst ja gelegentlich nach uns sehen.«

»Lieber nicht«, wandte das Storchenmädchen ein, »sonst kommen die Schnüffelnasen wieder. Warte besser bis zum Frühling!«

So wartete Doris bis zum Frühling, und bis zum Frühling überlegte sie auch.

An einem Aprilmorgen klopfte es dann an ihr Fenster. Sie sprang aus dem Bett. Draußen stand der Storch.

»Guten Tag, Doris Lange«, sagte der Storch. »Na, wie schaut's aus? Hast du dir's überlegt?«

»Ich will lieber hier bleiben«, sagte Doris. »Diesen Winter sind böse Dinge geschehen. Die Starken werden unverschämt, und die Schwachen müssen so manches leiden. Jetzt werde ich sie wieder beschützen. Ich komme jeden Tag zu euch in das Nest auf dem Wagenrad auf dem Schuppen auf der Wiese und zaubere mit dem linken Bein.«

»Dieser Entschluss ist zu loben!«, sagte der Storch. »Ich wusste, du würdest dich so entscheiden. Besuch mich bald mal in meinem Nest. Morgen kommt meine Frau, die wird sich freuen.«

»Und wann kommen deine Kinder?«

»Die sind alle verheiratet und baun sich längst eine eigene Wohnung.«

»Denen geht's prima«, seufzte Doris.

Der Storch flog zur Spree hinunter, aber was musste er dort erblicken! Kein Schuppen stand da, nicht einmal die Wiese mit ihren Fröschen und Gänseblümchen, die war zu einem Bauplatz geworden, und an der Stelle des Schuppens wuchs aus Beton ein riesengroßes graues Haus, das war für die Polizei bestimmt.

Entsetzt flog der Storch zu Doris zurück.

»Ich habe kein Nest mehr«, sagte er traurig. »Nun muss ich für immer von euch fort!«

»Bleib da«, flehte Doris, »ich bleibe doch auch hier!«

»Du hast gut reden«, sagte der Storch. »Du hast ja dein Bett und deine vier Wände, aber ich habe keine Bleibe. Morgen kommt meine Frau, die wird müd sein und muss sofort brüten. Bis morgen kann ich kein

neues Nest baun, ich bin ja schließlich auch nicht mehr der Jüngste. Ich fliege meinem Weib entgegen, hinterm Thüringer Wald gibt's verlassene Nester genug.«
Er wischte sich eine Träne ab.
»Leb also wohl, Doris Zauberbein!«
Als der Storch sah, wie Doris losheulen wollte, spannte er seine Flügel aus, diesem traurigen Abschied rasch zu entfliegen –

        aber halt! So darf doch ein Märchen nicht ausgehn! Also überlegen wir mal, einen besseren Schluss zu finden.
Das Wagenrad mit dem Storchennest haben die Bauarbeiter aufgehoben und auf den Wasserturm gesetzt, so kann der Storch mit der Störchin doch bleiben, und am Wasserturm gibt's Frösche genug. Das Haus aus Beton, das bauen wir um, da wird ein Wohnhaus draus gemacht, da ziehn junge Ehepaare ein, die malen die grauen Wände dann bunt, mit Springbrunnen, Wildschweinen, Pilzen und Clowns, und auch mit dem Räuber Mutaphar und seinem blauen Fleck auf der Nase. Und natürlich steigt Zauberbein täglich ins Nest, die Beschützerin der Schwachen, die steht dann auf ihrem linken Bein, und an der Spree herrscht ein prächtiger Sommer.

Freilich kommt dann auch wieder ein Winter, aber der wird schon ein bisschen anders, denn die Schwachen lernen, wie man sich wehrt. Und dann kommt wieder mit den Störchen ein Sommer, und Zauberbein dreht den großen Zeh, und wenn die Zeiten solcherart wechseln, lässt sich das Leben schon leichter ertragen.
Ich glaube, das ist ein besserer Schluss, mit dem kann unser Märchen schon enden.
Wer dann dieses Märchen im Sommer liest, der freut sich, dass die Wärme noch dauert, und wer es im Winter liest, der hofft, dass der nächste Sommer recht bald einzieht.
Doch das ganze Jahr hindurch wollen wir rufen: Lang lebe Doris Zauberbein!

Von der Fee, die Feuer speien konnte

Es war einmal ein Wald, in dem es niemals schneite. Dieser Wald lag nicht im glühenden Afrika und auch nicht im heißen Indien, er lag gar nicht weit weg von der Stadt Berlin, hinter dem zweiundzwanzigsten Hügel zwischen Sachsen und Mecklenburg. Heute lebt kein Baum dieses Waldes mehr, aber einige Urururenkel der Dachse, die damals dort gesiedelt haben, sind heute genauso alt wie ihr.
In diesem Wald fiel niemals Schnee, weil ihn eine Fee bewohnte, die Anna Susanna Lachdochmal hieß. Diese Fee war so lustig und luftig und duftig und hatte so rosige Sommersprossen und trug ein so wehendes maigrünes Kleid, dass jedem, der sie nur ansah, ganz warm ums Herz wurde. So geschah es auch den Wolken voll Schnee. Wenn sie vom Norden gezogen kamen, wo der Winterkönig in seinem Schloss aus Eis

wohnt, flog Anna Susanna zu ihnen hoch, kitzelte sie an den Rauhreifbacken und sagte: »Guckt nicht so grimmig, lacht doch mal!« Da wurde den Wolken ganz warm ums Herz, und ihr Schnee fiel als milder Regen nieder.

Wie es in diesem Wald aussah, könnt ihr euch wohl denken. Das ganze Jahr wuchsen dort Pfifferlinge und Erdbeeren und Anemonen, das ganze Jahr sangen Lerchen und klapperten Störche, die Tiere trugen nur Sommerfelle, die Bienen speicherten keinen Honig, weil jeden Tag süße Blumen blühten, und weder die Igel noch die Mäuse hielten einen Winterschlaf. Eines Tages kam der Winterkönig, nach dem Rechten zu schauen.

»Was soll denn das?«, fragte er verwundert. »Ringsum liegt tiefer tiefer Schnee, wie es sich für einen Winterwald ziemt, und hier brummen die Hummeln und duften die Veilchen! Das ist ja eine verkehrte Welt!«

Da kam auch schon Anna Susanna geweht und kraulte dem König den Eiszapfenbart und rief: »Guck nicht so grimmig, lach doch mal!«

»Ich werd dir was pusten!«, sagte der Winterkönig. »Du bist ein unglaublich freches Ding. Ich dulde nicht, dass du in mein Reich so ein Loch voll ewigem

Sommer machst, wo Wiesen sprießen und Hasen grasen und Hummeln brummeln und Linsen grinsen, als ob ich gar nichts zu sagen hätte! Ich werd dir schon zeigen, wer winters hier Herr ist!«
Der Winterkönig rauschte nach Norden, stopfte seine Taschen voll Hagel und Graupeln und jagte damit die kältesten Wolken über Anna Susannas Sommerwald. – »Lacht doch mal!«, sagte die Fee zu ihnen und zupfte sie an der klammen Nase, und als die Wolken lachen mussten, pustete ihr König Frostluft, und da lachten die Wolken hell klirrenden Schnee.
Im Nu war der Wald unterm Winter begraben, und allem Leben wurde sterbenskalt.
Die Mäuse wollten sich schnell in die Erde wühlen, aber die war schon steinhart gefroren; die Blumen erstarrten zu buntem Eis; die Hummeln fielen wie Schloßen zu Boden, und der Lerche erfroren die jubelndsten Lieder.
Die Rehe und Hasen und Hirsche drängten sich eng zusammen, um einander zu wärmen, und das Gleiche taten die Eidechsen und Schlangen, die Füchse und Marder und Wiesel und Iltisse, die Wildschweine, die mürrischen Dachse, und sogar die Igel. Das stachelte, aber der Frost stachelte ärger.
»Rette uns, Anna Susanna«, flehten die Tiere.

Aber Anna Susanna fror selbst jämmerlich. Sie hätte ja gern »Lacht doch mal!« gesagt, um die Tiere ein bisschen zu ermuntern, doch anstatt zu lachen, begann sie zu heulen.
Sogar ihre Tränen tropften als Eis.
»Heulen hilft nichts!«, schnarrte die weise Eule. »Du musst was tun. Hinter dem siebenten Hügel nach Süden wohnt ein Drache mit seinen Kindern. Bitte ihn, dass er herkommt und Feuer speit. Dann wird der Schnee schmelzen und der Boden auftaun.«
Die Vögel zwitscherten Zustimmung, aber die Landtiere hatten Angst.
»Der Drache wird uns fressen«, riefen sie schaudernd.
»Erst wird er uns braten und dann wird er uns fressen, und das ist doppelt so schlimm wie frieren.«
»Jetzt weiß ich Rat«, sagte Anna Susanna. »Ich werde zum Drachen gehn und ihn bitten, dass er mich Feuer speien lehrt!«
»Er wird dich brutzeln«, warnten die Tiere.
»Ach was, ich kraule ihm den Bauch.«
Die Fee wehte fort.
Der Winter blieb.
Drei Tage nachdem Anna Susanna gegangen, hörten die Tiere im Wald ein seltsames Prasseln und dazu ein Rasseln, als ob ein blechernes Ofenrohr rufe, es

speie schönes warmes Feuer. Die Worte klangen ganz verräuchert, doch sie kamen auf schwebenden Flämmchen daher, und die ersten Eiszapfen begannen zu schmelzen.
»Wir sind gerettet«, riefen die Rehe und schnupperten gierig den warmen Hauch. Die Wildschweine wetzten schon ihre Hauer, um den Boden nach Nahrung aufwühlen zu können, und die Hasen begannen sogar zu tanzen. Der Wendehals aber, der von der höchsten Kiefer Ausschau hielt, rief entsetzt: »Das ist ja gar nicht unsere Fee! Das ist eine böse Feuerhexe. Sie wird uns verbrennen. Versteckt euch! Lauft fort!«
Die Warnung war kaum ausgesprochen, da kam ein Wesen in den Wald, das war vom Kopf bis zu den Knöcheln verrußt, das Kleid ein Brandloch neben dem andern, Mund und Nase schwarz wie Feuerungsklappen, Asche rieselte von seinen Haaren, die Hände zwei Kohlenschaufeln mit Fingern, und wo es in den weißen Schnee trat, erschien eine schwarze Tapsenspur.
Die Tiere stoben ins klirrende Dickicht.
»Lacht doch mal!«, krächzte das Wesen und krächzte Flämmchen, »ich bin doch eure Anna Susanna!«
Aber die Tiere waren längst weggelaufen.

»Jetzt tau ich den Wald auf!«, rief Anna Susanna, und sie fing an zu pusten und zu prusten, und es war auch Feuer, was sie da schnaubte, doch die Kraft ihrer Feenlunge reichte nicht weit.

Die Flämmchen hüpften durchs weiße Geglitzer; es war, als kitzelten sie das Eis, und es tröpfelte da und plätscherte dort, doch da waren die Flämmchen schon erschöpft und erloschen, und das kaum Getaute fror wieder zu.

Schließlich hatte die Fee keine Puste mehr. Nur ein Hauch von Rauch quoll noch aus der Nase, und da wollte sie abermals weinen, doch nun hatte sie auch keine Tränen mehr.

»Heul nicht«, schnarrte die weise Eule und rollte bös ihre glühenden Augen. »Heulen nützt gar nichts. Tu lieber was.«

»Was soll ich denn *noch* tun?«, schluchzte Anna Susanna. »Ich bin in die Drachenschule gegangen und habe in drei Tagen gelernt, was Drachenkinder in drei Jahren lernen. Der Drachenlehrer, der schrecklich streng ist, hat mir eine Eins im Feuerspeien gegeben und gesagt, dass ich für eine Fee sehr begabt bin. Ich kann sogar Feuerkringel speien, was unerhört schwer ist. Guck doch mal!«

Sie stellte sich fest auf ihre Beine, reckte den Hals

und beugte sich weit vornüber, um die Feuerkringel richtig kringeln zu können, da sah sie im spiegelnden Eis ihr Gesicht.

Vor Schreck entfuhr ihr ein blaues Flämmchen, und als es um ihre Stupsnase wehte, musste sie trotz ihres Elends lachen, und dies Lachen lockte die Tiere zurück: als Erste die Hasen, als Letzte die Rehe. Zögernd umringten sie die Verrußte.

»Wenn ihr noch dichter zusammenrücktet«, sagte Anna Susanna, »könnte ich eure Rücken wärmen, und ihr hieltet vielleicht bis zum Frühling durch.«

»Und was sollen wir essen?«, fragte das Eichhörnchen. »Ich habe grauenvollen Hunger und kein einziges Nüsslein im Bau.«

»Und ich kein Körnlein«, ächzte der Hamster, dessen Fell um den Bauch schon zu schlottern begann.

»Wir auch nicht! Wir auch nicht!«, piepsten die Mäuse.

»Wären wir doch winterschlafen gegangen!«
»Hätten wir doch Honig gesammelt!«
»Wäre uns doch ein Winterpelz gewachsen!«
»Hätten wir doch ein Winterlager gegraben!«
»Wären wir doch nach Süden geflogen!«
»Hätte uns Anna Susanna bloß nicht so verwöhnt!«
»Anna Susanna ist Schuld!«, riefen alle Tiere.

»Ich hab's doch so gut gemeint«, schluchzte die Fee. Doch bevor die Eule schnarren konnte, sie solle lieber was tun, statt zu heulen, spie Anna Susanna einen Feuerkringel und war wie ein Flämmchen weggehuscht.

»Nun sind wir verloren«, klagte der Wald. »Unsere Fee lässt uns im Stich.«

»Sie hätte den Winter nie fernhalten dürfen«, schnarrte die Eule. »Die Natur ist aus aller Ordnung gekommen. Das geht nie gut aus. Nun müssen wir's büßen.«

Es war Mittag, und die Sonne strahlte, doch die Tiere froren und hungerten.

»Diese Nacht überstehn wir nicht mehr«, seufzten die Schlänglein.

Der Abend kam mit Dunkel und Stille, das Leben stand stumm im schweigenden Eis, da hörte man plötzlich ein Stapsen und Stampfen und Tapsen und Dampfen, eine Feuerwolke erhellte den Schneewald, und ein wüster Gesang erscholl:

»Wir sind die sieben Drachen
mit unsern siebenfachen
wachen Drachenrachen
können wir Feuer machen
und andre tolle Sachen
dann freun wir uns und lachen
und am liebsten machen wir Krach!«

Und sie *machten* auch Krach: mehr als dreizehn Discos!
»Die Drachen! Versteckt euch! Lauft weg!«, schrie der Wendehals, allein die Tiere blieben stehen. Sie hatten keine Kraft zum Weglaufen mehr, aber das war auch gar nicht nötig. Durch den Wald zogen die Kinder der Drachenschule, und vorneweg stapfte Anna Susanna und spuckte blaue Feuerkringel.
»Wir sind gerettet, Leute!«, rief die Fee, und natürlich rief sie jetzt: »Lacht doch mal!«
Doch nicht einmal der lustige Wiedehopf lachte.

Die Drachenkinder umringten die Tiere, die Schwänze nach innen, die Schnauzen nach außen, und als sie nun Feuer zu speien begannen, schmolz der Schnee und taute das Eis, und an den Bäumen hingen noch Eicheln und Nüsse, und aus dem Klee und dem Thymian quoll süßer Duft.
Das gab ein Fest!
Und dann kam der Frühling.

Fortan waren die Tiere klüger. Auf die Drachen mochten sie sich nicht gern verlassen: Sie prahlten gar zu angeberisch, dass ihr Feuer das Harz aus den Bäumen koche, und sie sahen auch zu lüstern die Rehbeine an und zu gierig die fetten Wildschweinschinken. So schickte Anna Susannas Wald die Drachen mit herzlichem Dank nach Hause und bereitete sich auf den Winter vor.
Die Zugvögel flogen nach Afrika, die Blumen krochen in ihre Wurzeln, die Bäume warfen die Blätter ab, damit der Frost sie nicht zu sehr dran zwackte, die Bienen füllten die Waben mit Honig, die Hamster heimsten Körnlein ein, die Mäuse bezogen ihr Winterquartier, und die Rehe und Hasen und Füchse und Wildschweine ließen sich lange Haare wachsen, über die Schultern bis unter den Bauch. Die Fee schrubbte

sich neun Monate lang und gurgelte sandhaltiges Wasser, und als sie sich auch innen ganz sauber gekriegt hatte, nahm sie sich vor, nie mehr Feuer zu speien.
Doch wenn winters der Frost besonders arg biss und ein Reh sie mit flehenden Augen anblickte, spuckte sie schnell ein paar Feuerkringel, und wenn die Tiere dann traurig wurden, dass ihre Anna Susanna wieder verrußte, rief die Fee aus der verräucherten Kehle –

    na, was wohl?

Ja.
Richtig geraten.
Und nun macht es nach!

Die Märchen auf Bestellung gibt es auch zum Nachhören

hr2 Hörbuch-Bestenliste

1 CD
ISBN 978-3-356-01040-4

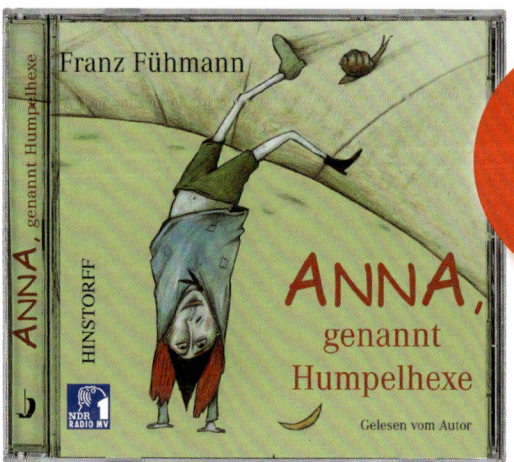

hr2 Hörbuch-Bestenliste

1 CD
ISBN 978-3-356-00988-0

Franz Fühmann, 1922 in Rokytnice nad Jizerou (Rochlitz an der Iser) geboren, gehört zu den wichtigsten Schriftstellern der letzten Jahrzehnte in Deutschland. Er verfasste Erzählungen, Essays, Gedichte – und sehr gern Kinderbücher! Für »Kinder schreiben, das ist einfach eine Freude und eine Wohltat. Ich mach´s also nicht zuletzt (...), weil es mir unheimlich Spaß macht.« Und weil´s nicht nur ihm, sondern beim Lesen oder Zuhören gleichfalls den Kindern unheimlich Spaß machte, bestellten sie bei ihm Geschichten. Zum Beispiel die hier abgedruckten Märchen von Anna, Doris und der Fee. Aber auch Erwachsenen gefallen Fühmanns Werke. Und so erhielt er zahlreiche Preise, darunter mehrfach den »Luchs« von der ZEIT und Radio Bremen. Franz Fühmann starb 1984 in Berlin. Was er vielleicht nur ahnte, wir jedoch heute wissen: Seine Geschichten sind lebendig geblieben und machen – na, was wohl? – unheimlich Spaß ...

Jacky Gleich, geboren 1964 in Darmstadt, studierte an der Hochschule für Film und Fernsehen in Babelsberg und war dann für die Mahlsdorfer »Sandmann«-Studios sowie für ARD und ZDF tätig. 1995 erschienen die ersten von ihr illustrierten Kinderbücher, für die sie bald zahlreiche Auszeichnungen erhielt – so den deutschen Jugendliteraturpreis. Im Jahr 2000 rief der Hinstorff Verlag bei ihr an und fragte: »Dürfen wir bei Dir Illustrationen für die Neuausgabe der Märchen auf Bestellung bestellen?« Weil Jacky Gleich schon als Kind die Geschichten von Franz Fühmann gelesen und sehr gemocht hatte, sagte sie sofort zu. Rund 80 Bücher hat sie mit Bildern ausgestattet – natürlich nicht alle im Hinstorff Verlag und nicht alle zu Fühmann-Geschichten. Brigitte Schär, James Krüss, Uri Orlev, Bruno Blume, Hanna Johansen, Günter Grass, Antonio Skármeta, Friedrich Schiller, Thomas Rosenlöcher, Siegfried Lenz, Doris Dörrie und David Grossmann sind einige der Autorinnen und Autoren, deren Texte sie bebilderte. Jacky Gleich wohnt heute in der Schweiz, in einem alten Bauernhaus hoch in den Bergen, wo der Winterkönig ziemlich oft anzutreffen ist. Aber da war doch etwas mit einer Fee ...

Liebe Kinder,
wenn ihr die Geschichte von der Feuer speienden Fee lest oder vorgelesen bekommt, werdet ihr auf Seite 85 von Hummeln erfahren, die wie *Schloßen* vom Himmel fielen. Weder der Lektor noch die Illustratorin, weder Freundinnen noch Freunde vom Lektor und von der Illustratorin wussten, was damit gemeint ist. Und vermutlich wissen es auch eure Eltern nicht. Damit ihr nicht im Lexikon oder im Wörterbuch nachschlagen oder den Computer anschalten müsst, sagen wir euch lieber gleich, dass *Schloße* Hagelkörner sind
Was die UNO ist, von der bei der Geschichte über Doris Zauberbein die Rede ist (Seite 61), das sollten eure Eltern wissen. Fragt sie! So viel sei schon mal verraten: Es ist eine Vereinigung fast aller Länder dieser Welt, die unter anderem zum Ziel hat, für Frieden zu sorgen.

Alle hier abgedruckten Märchen wurden erstmals 1981 innerhalb der Werksausgabe von Franz Fühmann publiziert. Die Neuausgaben mit den Illustrationen von Jacky Gleich erscheinen 2002 (Anna, genannt Humpelhexe), 2003 (Von der Fee, die Feuer speien konnte) und 2004 (Doris Zauberbein). Sie wurden behutsam der neuen Rechtschreibung angeglichen. Der Titel des vorliegenden Buches stammt vom Verlag, nicht von Franz Fühmann.

Liebe Leserin, lieber Leser, wie hat Ihnen die Lektüre gefallen?
Wir freuen uns über Ihre Bewertung im Internet!

Die Deutsche Nationalbibliothek verzeichnet diese Publikation in der Deutschen Nationalbibliografie; detaillierte bibliografische Daten sind im Internet über http://dnb.ddh.de abrufbar.

Alle Rechte vorbehalten. Reproduktionen, Speicherungen in Datenverarbeitungsanlagen, Wiedergabe auf fotomechanischen, elektronischen oder ähnlichen Wegen, Vortrag und Funk – auch auszugsweise – nur mit Genehmigung des Verlages.

© Hinstorff Verlag GmbH, Rostock 2016
Lagerstraße 7 I 18055 Rostock
1. Auflage 2016
Herstellung: Hinstorff Verlag GmbH
Lektorat: Thomas Gallien
Druck: Grafisches Centrum Cuno GmbH & Co. KG
Printed in Germany
ISBN 978-3-356-02056-4
www.hinstorff.de